Mes vies en poésies

La quatrième saison

AF155836

Christophe Bouillevart

@ 2019, Christophe Bouillevart

Édition : BoD – Books on Demand,
12/14 rond-point des Champs-Élysées, 75008 Paris.
Impression : BoD - Books on Demand, Norderstedt, Allemagne

ISBN : 9782322128198
Dépôt légal : Mai 2019

A ma famille, mes amis

La Poésie n'était au premier âge qu'une Théologie allégorique, pour faire entrer au cerveau des hommes grossiers par fables plaisantes et colorées les secrets qu'ils ne pouvaient comprendre.

Pierre de Ronsard

Sommaire

Introduction

Préface

Les Amours désuètes

Contemplations

Madeleine méridionale

Aussi longtemps

Si un jour

L'orgueil de Philippidès

Rêverles

Portrait (en vice et versa)

Jigoro

Blues

Ode au Maître

Fons

L'abeille

Mon frère

Il me vient des images

Fol amour, qu'as-tu fais de mon âme

C'est le jour des noces

Brille diamant fou

Tacita

C'est l'heure de l'apéro

Que j'aime à te voir en braille

Foule en liesse

J'avais tant voulu

Je vis

Mon compagnon

Je te vois

Osez

Assis sur le muret

Vive les vacances !

Sens-tu ?

Mon jardin fleuri

Viens

L'inconnue

Introduction

Dans ce deuxième opus de cette trilogie « Mes vies en poésies », je continue le voyage poétique en mes souvenirs, témoins du temps qui passe. A la fois spectateur et acteur sur ce chemin, la mémoire en éveil, je revisite les moments heureux qui font une vie remplie.

De madeleines de Proust en images merveilleuses, le voyage est ce qui a fait de moi ce que je suis.

De ces tableaux aux sujets d'hiver où certains y verront de la tristesse, je n'y vois que le bonheur et la douce sérénité. Ou de ces musiques planantes qui, pour peu qu'on se laisse emporter, nous emmènent vers des mondes qui nous enchantent. Mes poèmes sont ainsi. N'y voyez pas de nostalgie mal placée ou de sombres augures. Laissez-vous empoter au son des mélodies stylistiques.

L'écriture élève les âmes et soigne les blessures. Que mes écrits apaisent, fassent rêver, emmènent en voyage et enivrent les personnes qui auront la gentillesse de les lire.

Merci amis lecteurs de parcourir avec moi cette quatrième saison poétique.

Préface

Il existe des mondes, il existe des terres, explorés ou à conquérir. Vous le faites chaque jour, vous le faites chaque nuit. Sans jamais vous apercevoir de quoi il s'agit, sans jamais vouloir même comprendre, l'état de votre cœur et de votre âme tout entier se fait à l'écho de ces mondes. Je vous vois, je vous entends, je me mets à l'unisson de votre résonnance. Quoi que soient ces mondes et ces terres, ils sont en vous. Faites les sortir pour le bonheur des autres. La poésie n'est rien d'autre.

1

Les Amours désuètes

Parfois je rêve de ces amours désuètes

Quand le galant prenait le temps

De conquérir le cœur et l'âme

Encore endormis de la belle

Parfois dans les moments sombres, je regrette

Ces jeux de frissons partagés, haletant

La main qu'on effleure, le regard que l'on croise,
diaphane

La bouche espérée de celle

Parfois je revis les émois, je les guette

Je les fais miennes de temps en temps

Aux souvenirs de cette flamme

De cet amour qui m'appelle

2

Contemplations

De ces soirs d'été de juillet

Illuminé du soleil couchant

S'étale l'ombre longue

Du jasmin parfumé.

Quant au loin

Dans le ciel rouge

S'élancent des oiseaux

En quête de quelques festins.

Les moissons des champs jaunes

Depuis l'aube jusqu'au couchant

Se font en un beau ballet

Chorégraphie parfaite

Des monstres de fer

Engloutissant leur ripaille

Jusqu'à en être rassasiés et repus

Avant de recommencer leur besogne

La rosée descend doucement

Sur les fleurs enivrées

Répandant lentement

Leur parfum subtil

Qui en une potion olfactive

Nous enivre et nous embaume

Nous livrant aux rêves merveilleux

Et en fermant les yeux, nous ravi

La brise douce de l'aube naissante

Caresse les visages offerts

Douce écharpe moelleuse

Et enveloppante

Des gorges dénudées

Quant à la bascule obscure

Se faisant frais calme et humide

Les corps bronzés au tissu estival

Se couvrent de fraicheur de l'aube naissante

3

Madeleine méridionale

Madeleine méridionale des étés heureux

Souvenirs d'enfance des jeux ensablés

Léché par les flots de la mer bleue

A dans mon cœur cette place ainée

Ces moments estivaux passés en ton sein

Le vent de mer sur mon corps

Auprès de mes aimants et leurs siens

Sont de mes souvenirs les moins morts

Je revois encore les avions et camions

Tourner comme dans autant de giratoires

Essayant d'attraper les pompons

Dont la tentative aiguisait les espoirs

Architectes improbables et décidés

Aux outils nombreux et nécessaires

Se montaient des édifices sablés

Aussi beaux qu'éphémères

Des rues pleines et bruyantes

Rêves chauds ou glacés

Les enfants à la peau bronzée et brillante

S'échinent à la main pour être satisfaits

Le soir venu sur les allées bondées

S'amassent les badauds sur les marches

Spectacle local et de qualité

Ils applaudissent avant de reprendre leur marche

Si des fois, j'ai l'âme trouble

Les horizons incertains

Je retourne vers là où se chamboule

Mon cœur et me rend serein.

4

Aussi longtemps

Aussi longtemps que ton odeur

Empli mon nez cérébral

Aussi longtemps que ton visage

Est aussi clair que le cristal

Aussi longtemps que tes bras chauds

M'enlacent dans mes rêves

Aussi longtemps que ton verbe haut

M'appelle pour une trêve

Aussi longtemps que tes discours

Sonnent en moi à toutes heures

Aussi longtemps que ton amour

M'enveloppe de son ampleur

Alors tu seras toujours prêt de moi.

5

Si un jour

Si un jour au détour des chemins,

L'âme sereine mais le corps en vain,

Si les hommes ne m'apportent que chagrins,

Sauras-tu m'aider

À traverser ?

Si dans les arcanes, les savants

Se perdent en conjonctures en parlant,

Si leurs potions n'ont plus l'effet d'avant,

Sauras-tu m'aider

À traverser ?

Si malgré les prêcheurs,

Les brisures de ton cœur,

Si enfin, je te le demande aux petites heures,

Sauras-tu m'aider

À traverser ?

6

L'orgueil de Philippidès

Combat à corps perdu

A la merci de Cronos

Le défi est grand et ardu

Mais la balade sans pathos

Côte à côte avec mes compères de souffrance

Les paysages défilent mètre après mètre

Voilà que l'effort devient intense

Et s'éloigne le bien-être

La bataille intérieure s'engage

Mental en ébullition

L'orage fait rage

Pas très loin de l'absolution

Pourtant chimie ou joie

L'exploit est à portée

Il est là, je la vois

Au loin, elle vient, l'arrivée

7

Rêveries

De ces heures nues

Des clairières verdoyantes étendues

Etirées par la mélancolie

Et le spleen adouci

De ces minutes impudiques

Exhibitionnistes des rêves uniques

D'une dimension autre

Dont chacun en est l'apôtre

De ces secondes infinies

Se laissant aller aux rires exquis

Des bonheurs inventés

Qui se font plus que réalité

Temps rémanent et infini

Des délices de l'esprit

Jalonnent les rêves

Et fait en sorte que jamais ne s'achèvent

Portrait (en vice et versa)

On emportait dans nos bagages

Notre fougue et notre jeunesse

Se rendant près du large

Sur les côtes sculptées avec finesse

Villégiature des nomades

En bord de mer septentrionale

Nous y retrouvions nos camarades

C'était notre idéal

De ces moments heureux

Partagés des compères

Nous faisions les 400 coups et même les 402

Nous étions comme des frères

Marches après marches

Atteignant les falaises

Il fallait ne pas être lâche

Pour enfin se mettre à l'aise

Des soirées endiablées

Partagées des peuples voisins

Des fous rires partagés

De l'aube au petit matin

Quand d'aventure une baignade

Costumés d'Adam et Eve

Nous emportait, camarades

Dans les rues grièves

Peu importe les embuches

Peu importe les ratés

Peu importe les trébuches

Nous, on a rêvé

Jigoro

Enseigné de respect et de codes

Loin des foules, des hordes

Que l'on voit sur les abords des gazons

Peu de filles, surtout des garçons

Les saluts des lieux respectés

Se font en un ballet d'initiés

La modestie et les échanges

Sans les excès et les louanges

Au signal du grand référant

Aux mots japonisants

Les protagonistes se saluent

Rêvant de voir l'autre étendu

Ils s'élancent l'un vers l'autre

En une chorégraphie aux piautres

Dont les flots mènent

A cette belle mise en scène

Les bras et les jambes se mélangent

Les points s'engrangent

Quand le Graal vient, pas l'abandon

Non, il est là, c'est le ipon

Ennemis des minutes infinies

L'affrontement est fini

Il est le temps des bravos

Des saluts de Jigoro

Blues

Les notes de blues amoureuses

Sous les doigts d'un preux guitariste

S'envolent un peu tristes

En volutes peureuses

Elles cherchent les oreilles et les cœurs

Touchent jusque l'âme des pistes

Tournent, se lassent, et persiste

Enivrent les nuits de leur profondeur

On sent, dans l'air qui s'effondre

De la nuit délicieuse

Dans les chaleurs silencieuses

Les plus farouches fondre

Alors les esprits s'envolent

Vers les rêves merveilleux

Des pays aux chemins radieux

Et où ils se noient dans les alcools

Ode au Maître

Vues d'en haut éclipsé des cellules cérébrales

Laisser Apollon susciter une flamme

L'élixir de vérité des nuits lunaires allumant des
ombres, alors qu'il joue

Réchauffant le froid des enfers abandonnés

Avec des rondeaux transcendantaux

Et laissez la réalité avancer

Jusqu'à ce que nos testaments

Se renouvellent, égaux

Satisfait et repu aux repas éoliens

Que l'hydre se repose, battue

Le temps est venu et c'est bien

De se laisser envouter par les échos perdus

Fons

Dies dans sa lumière s'étend

Fou de feu et de froideur

Entre les glaces et les chaleurs

Se fait médiateur et plein d'allant

Il embrasse la belle endormie

Pour un réveil en douceur,

Dont on entend battre le cœur

Et s'allonge dans les prairies

Enfin les belles osent

Sortir de leur timidité

Se pavaner et laisser admirer

Leur belle robe rose

Revenus des pays lointains et chauds

Les volants de retour

Se retrouvent dans les jardins, les cours

Puis redonnent leur ballet tout là-haut

Fons apporte de son réveil l'éclatante
merveille d'une nature nouvelle.

13

L'abeille

L'abeille part en quête

Du nectar convoité

Elle survole les forêts

Les collines et les crêtes

Son vol est doux

Elle effleure les monts

Descend vers la vallée, au fond

Où elle va trouver son Pérou

Soudain au détour d'un bosquet

Merveilleuse, parfumée, rose

Elle s'approche, se pose

La voilà, la fleur tant recherchée

Elle s'enivre de ses parfums

Laisse ses ailes effleurer son pistil

Tourne, se pose, redécolle, habile

Se délecte des saveurs sans fin

Puis elle sort sa trompe

Avec une délicatesse voulue

Laisse voir une envie goulue

Fait sa pitance sans s'interrompre

La fleur, ouverte, frémit

Elle se donne à l'abeille

Sa nature secrète se réveille

Et se livre en une danse, unis

L'hexapode enfonce alors son dard

Au milieu des pétales humides

La fleur s'ouvre encore, avide

De donner, son suc, son nectar

Repue, l'abeille reprend son vol

Fatiguée et saoule

De son côté, s'écroule

Ravie de cette escapade folle

14

Mon Frère

J'étais seul, comme incomplet

Unique, vivant avec le regret

De ne connaitre cette joie

De partager les jeux, les rires, les émois

Je ne t'attendais pas, je ne t'attendais plus

Résigné à vivre en égoïste

Comme ces enfants qui ont tous reçus

Et dont toujours est plus grande la liste

Puis, le jour béni est arrivé

Il a fallu longtemps, onze années

Mais tu étais là, tout petit

C'était le plus beau jour de ma jeune vie

Le flux et reflux du temps

Nous éloigne ou nous rapproche

Les souvenirs de mon adolescence plein les poches

Je repense à ces jours où tu étais enfant

Aujourd'hui le vent d'ouest apport

En mon cœur ce bonheur retrouvé

Au bras de celle qui t'a donné

Tant d'aventures paternelles si fortes

L'âme lourde ou bien légère

Si un jour, au détour des augures

Je suis là, sois en sûr

Je t'aime, mon frère

Les délices belles et somptueuses

Des amours perdues et rieuses

S'offrent aux belles orgues enivrées.

Il me vient des images

Il me vient des images

Les vallées verdoyantes

Aux arbres majestueux

Dont la canopée protège

De sa main bienveillante

La vie des matins et des soirs

Il me vient des images

Les montagnes flamboyantes

S'élevant vers le ciel infini

Aux sommets immaculés

Vierges et purs de l'humanité

Communiant avec les cieux

Il me vient des images enfin

Des pleines étalées en tapis

Dont le créateur habile

A pris soin de composer

En havre de paix et de douceur

Pour accueillir les âmes et les cœurs

Fol amour, qu'as-tu fais de mon âme

La tête vide et embuée

L'esprit en vadrouille

Les souvenirs en fouille

Et les sentiments attachés

Dans les vagues du large

Se mêlent les songes

Des bonheurs éponges

Toujours présents et sages

Les yeux humides

Résurgence des néfastes

Des vils cérastes

Des malheurs en faire l'homicide

Quand, en retour des batailles

Usé des atermoiements

Combats et arrangements

Viennent des adversités les funérailles

Pour enfin sortir des sérails

Des conventions obsolètes

Des usures suivies à la lettre

Et enfin se remettre de ces mitrailles

Vouloir capter la beauté

Se défaire des noirceurs

Ouvrir grand son cœur

Oublier ce qu'on a été, Vallet

L'âme sœur reconnue

Dans cette sombre cohorte

De ce bateau qui jamais ne flotte

Combien de fois attendue

Au-devant des espaces infinis

Que jamais ne soit en visite

De la douleur que l'amour usite

Où gisent les amants éconduits

Des revers du passé

Souvent les victoires en berne

Rentrées, ridicules, hibernent

En ai fait des succès

Enfin la félicité unique

Des souvenirs enlacés

Vient et se fait serrée

Loin des ententes iniques

Les senteurs des nectars

Et des enivrantes ambroisies

Enveloppent mon âme qui sourit

Des matins jusqu'aux très tard.

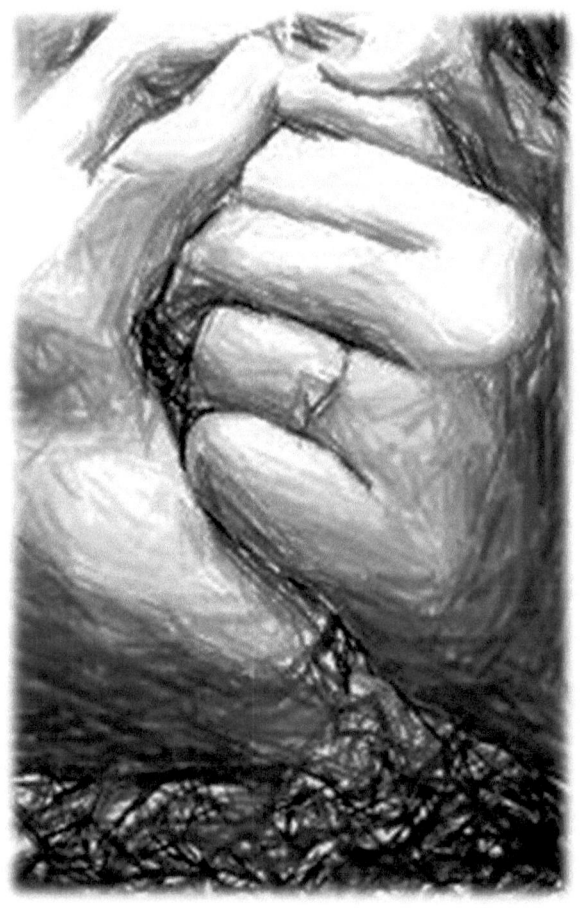

17

C'est le jour des noces

Jour béni des liens sacrés

Union des cœurs et des âmes

Le bonheur est dans les larmes

D'une journée tant espérée

Les promesses se lient

Au travers des anneaux,

Rêvent aux temps beaux

Et aux solitudes bannies

Ne plus s'envisager au conditionnel

Sceller dans le marbre nos vœux

Prendre à témoins les Dieux

Se vouloir l'amour éternel

En désaccord avec le bon maitre

Nous avons mis nos noms

Sous l'œil d'Aphrodite et Cupidon

Au bas d'un parchemin en fête

18

Brille diamant fou

Lentement montent les nappes
L'orgue malicieux installe l'atmosphère
Bien loin des sons du hip hop et du rap
Il envoie ses notes sincères

Alors s'ajoute la mélodie sœur
Elle vient danser, en un slow
Elle souligne les haleurs
Evitant hardiment les bas et les hauts

Soudain, une note, comme perchée
Venant d'une guitare experte
S'enlacent comme si elles se blottissaient
Dans les silences qui auraient voulu leur perte

Puis les notes se succèdent
Toutes plus brillantes
Jusqu'à s'éteindre et feindre
Une fin que l'orgue enfante

Mais les revoilà de quatre accompagnées

Elles tournent autour, cherchent à nous prendre

Quand, soudain, une caisse sonne, enragée

Veut faire taire ce ballet, à nous surprendre

Mais elles persistes et se glissent

Au milieu des accords rageurs

Elles se font douces en délices

Et nous adoucissent les humeurs

19

Tacita

Protège-moi de tes bienfaits

Couvre-moi de ton Aura

Extrais-moi du monde fou

Des tumultes et des tourbillons

Parfois, le soir, j'attends

Ta divine et chaude présence

Je me laisse emporter

Me blottis dans tes bras accueillants

Quand la furie de la ville

M'enivre et m'emporte

Les rencontres, les babilles

Me volent mes moments

Les musiques assourdissantes

M'envahissent et m'obsèdent

Le rêve de te retrouver

Est un délice exquis

Quand enfin tu es là

Que tu me pénètre

Alors je peux me laisser aller

Aux songes et aux voyages

Mon âme alors apaisée

Calme et sereine

S'envole au pays merveilleux

En ton pays, Tacita

20

C'est l'heure de l'apéro

Saucisson finement coupé

Olives bien choisies

Cacahuètes salées

Et des tas de cochonneries

Les amis sont là, la famille aussi

Installés et prêts à attaquer

Tous, les yeux à l'envie

De faire la fête aux petits biscuits

On sert les liquides

Tous plus merveilleux

Les vins cuits, les whiskeys

Dont on va faire le vide

Amitiés, amours, convivialité

Que de souvenirs partagés

Des rires des histoires choisies

Les bons moments de la vie

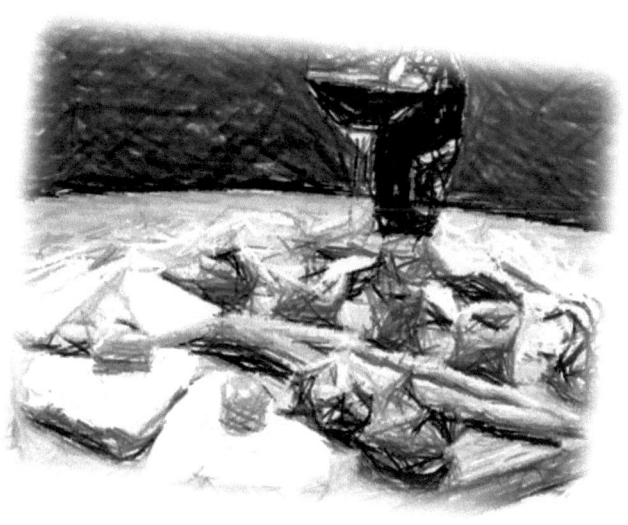

Que j'aime à te voir en braille

Je me souviens c'était chez moi
De ce jour béni où pour la première fois
Penaud et maladroit, canaille
Je t'ai regardé en braille

J'observais chacun de tes traits
Suivais de mon regard digital et appliqué
Les ondulations de tes courbes infinies
Et apprenais, studieux, ta géographie

Chaque fois de nouveaux voyages
Chaque fois à refaire mes bagages
Chaque fois de nouvelles aventures
Chaque fois plus matures

Aujourd'hui encore
Le long de ton âme et de ton corps
Je laisse mon amour déambuler
Au grès de nos randonnées

Foule en liesse

J'ai entendu

Le soir venu

Dans les rues

Les places, les avenues

La foule repue

Des passes et des buts

Je l'ai vu heureuse, émue

S'étreindre, étendue

Elle se mue

Jusqu'à l'aube venue

S'endort, éperdue

J'avais tant voulu

J'avais tant voulu

Ne pas t'envisager au conditionnel

Que tu sois, belle, celle

Qui soit près de moi le soir venu

J'avais tant voulu

Dans mes rêves les plus fous

Vivre mes jours jusqu'au bout

Mes nuits de mes envies nues

J'avais tant voulu

Voir en toi la mère aimante

Aux bras rassurants aux amours géantes

Qui embrasse aux baisers goulus

Je l'avais tant voulu

Et tu es là, à mes côté

Depuis toutes ces années

A rester près de cet hurluberlu.

Je vis

Longtemps mes haillons de malheur

Habillaient mon âme égarée

Longtemps mon pardessus déchiré

Laissait passer les vents en mon cœur

Longtemps dans mes chaussures trouées

Se glissaient les cailloux de souffrances

Longtemps mon chapeau en errance

Laissait passer les pluies, les gelées

Mais aujourd'hui, endimanché

Les sentiments au sec

Mes amours valant plus d'un Kopeck

L'âme rhabillée de la tête aux pieds

Je vis.

Mon compagnon

Je te rêve, je t'espère

Mon ami, mon compagnon

Parfois dans la rue je crois t'apercevoir

Puis tu disparais avec un autre

Je t'imagine, dans mes rêves, te dessine

Tu es beau, fier, plein d'allant

Dans mes songes, nous partageons tant d'aventures

Des jeux espiègles, complices

Je nous vois inséparables, amis unis

Les jours de tristesse, tu viens me consoler

Les jours de joie, tu viens les partager

Je te rêve, je t'espère

Mon ami, mon compagnon

Mon chien.

Le vent d'automne

Emporte les feuilles et les cœurs

Dans un tourbillon rageur

Des âmes monotones

Je te vois

Je te vois comme on voit un soleil d'été

Comme les vagues dans la tempête

S'écrasant sur le rocher

Je te vois comme ces champs de blé avant la moisson

Comme les forêts éclatantes à toutes saisons

Je te vois comme le ruisseau qui serpente

Comme les chemins côtiers qu'on arpente

Je te vois comme le ciel d'un soir étoilé

Comme ces jours de douceur et de beauté

Je te vois comme si je voyais pour la première fois

Comme si la vérité éclatait en moi

Je te vois, je te vois, mon amour.

Osez

Regarder le temps qui passe
Libérer des obsessions
Voir la vie en quatre dimensions
En symphonie de fortes et de basses

S'inscrire dans l'univers
Y trouver sa place
Y aimer ses beautés et ses casses
Embrasser le monde à l'envers

Autrefois dans les cœurs
Aujourd'hui dans les âmes
La magnifique révolution se pavane
Pour toujours plus d'haleines

Qui osera, qui saura
Donner ce qu'il est et ce qu'il sera
En ces troubles et amères
Les bienfaits et les chimères

Les rêves et les peurs en une danse

Ne font que s'accorder à l'unisson

Loin des batailles et des canons

Par une union en cadence

Arrive alors les jours heureux

Apaisé et serein

L'âme trouve le repos, le bien

Et enfin, viennent les jours harmonieux

28

Assis sur le muret

Je restais là, assis sur le muret du front de mer
Mes yeux perdus dans le lointain
Avec juste le bruit des vagues
Et les flonflons de la fête foraine.

Mon esprit vagabond s'envole
Et se laisse emporter au pays des rêves
Des contrées étoilées et calmes
Loin du tumulte de la vie

Le vent du large caresse mes joues
Il m'enveloppe de sa douceur d'été
Il est accompagné des odeurs du large
Suaves et iodées à souhait

Je glisse alors mes pieds dans le sable
Il est encore chaud d'une journée de feu
Contrastant avec l'air qui se fait plus frais
Que je suis si bien à cet instant …..

Parfois le soir

Lors des escapades mentales

Je regarde enfin la vie avec tendresse

Les retors mis dans le noir

Vive les vacances

On les attend toute l'année

On les rêve, on les imagine

Elles arrivent, on les devine

Les belles heures, les vacances d'été

Cette parenthèse bienfaitrice

Réconfort, calme, repos,

En voiture, on traverse les villes, les coteaux

Le voyage en est les prémices

Un paysage de carte postale

S'offre à nos yeux ébahis

Nos corps et nos cœurs léger et guéri

On y plonge et s'y installe

Sens-tu ?

Sens-tu le frisson de la vie

Te prendre des pieds à la tête

Sens-tu les désirs et les envies

Monter en toi et faire la fête

Sens-tu les souvenirs d'enfance

Ressurgir dans tes yeux

Sens-tu ton cœur en partance

Vers les rêves heureux

Sens-tu ton âme toute entière

Chevaucher les monts vertigineux

Sens-tu la fraicheur des rivières

Enfin,

Te sens-tu vraiment vivant ?

Noël émerveille les yeux des enfants

Et ensorcelle les cœurs des parents

31

Mon jardin fleuri

En cette moitié parcourue

Après les hivers tristes ou éblouissants

Mon jardin cultivé d'amour et de rêves

Est empli de fleurs aux parfums enivrants

Cela n'a pas été facile

Les batailles contre nature furent rudes

Terres sèches, rochers casses pieds

Rien ne sera épargné

Ni les bosses, les fêlures, les augures

Les voilà je les vois

Elles sont là, les graines du futur

Qu'en faire, si ce n'est les choyer ?

Les planter avec soin ?

Bon grès mal grès

Elles ont poussées

Sont devenues plus que je n'espérais

Le jardin de ma vie

32

Viens

Viens, je t'emmène dans mes rêves

Prends avec moi le train des désirs

Voyageons ensemble aux pays merveilleux

Des souvenirs de la vie

Il y a quelques nuits de ça

J'ai vu les jardins éblouissants

Aux parfums enivrants au aux couleurs

De soleil et d'arc en ciel

Je veux que tu viennes en mon vol

Au-dessus des pleines et des monts

Eclatant de beauté et de sérénité

Viens avec moi, je veux m'y abandonner

A tes côtés.

33

L'inconnue

Un après-midi d'été

Me promenant dans les rues

D'une belle journée travaillée

Elle m'apparue, l'inconnue

Sortant de nulle part

Comme volant au-dessus des eaux, ingénue

Elle allait de part en part

Elle m'ébloui, l'inconnue

La silhouette élancée, gracieuse

Ses cheveux s'étalaient sur ses épaules nues

Nous donnait une vue merveilleuse

Lui donnait l'air d'un ange à l'inconnue

Quand elle se mêla à un rayon de soleil

Ils avaient l'aire de danser, vêtu

D'or, de diamant et de vermeille

Qu'elle était belle, l'inconnue

Soudain, rejoignant le tumulte

Elle s'évanouit, disparut

Au milieu de la foule qui exulte

Et s'empare de mon inconnue

Je suis là, groggy, comme sonné

Je la cherche dans le lointain perdu

Mon corps et mon âme émerveillé

Au souvenir, déjà, de mon inconnue

Parfois en rêve délicieux et enivrant

Il me vient des images vécues

De cette rencontre et, haletant

Je la revois, c'est elle, l'inconnue

Déjà paru

Mes vies en poésies : Trois saisons

Première de couverture : Le port de St Tropez en 1930

Claudette Adnet

Design : Pauline Bouillevart

Illustrations : Pauline Bouillevart

Photo dernière de couverture : Claire Bouillevart